Antonio Perán Elvira

SONETOS DEL BUEN MORIR

EDITORIAL CUADERNOS DEL LABERINTO
—ANAQUEL DE POESÍA, nº 141—
MADRID · MMXXIV

De la edición © CUADERNOS DEL LABERINTO
Derechos exclusivos de esta edición en lengua española:
© Cuadernos del Laberinto
www.cuadernosdelaberinto.com

De la obra © ANTONIO PERÁN ELVIRA

De *Nota para el amigo lector* © ENRIQUE GRACIA TRINIDAD
De *Matemática de la poesía* © JUANMA RUIZ

Del audio © CARMEN FEITO MAESO y FABIO ANDRÉS ARCINIEGAS (VOZ DE CARLOS)

Directora de la colección: ALICIA ARÉS

Diseño de la colección © Absurda Fábula
www.absurdafabula.com

El papel utilizado para la impresión de este libro, fabricado a partir de madera procedente de bosques y plantaciones sostenibles, es cien por cien libre de cloro y está clasificado como papel reciclado.
Impreso por Copias Centro (Madrid)

Primera edición: ABRIL 2024

I.S.B.N: 978-84-18997-67-9
Depósito legal: M-10667-2024

Impreso en España.

Trabajo subvencionado con una de las Ayudas para Iniciativas Culturales de la ONCE en su edición 2024, gracias a la venta de Lotería Social, Segura y Responsable.

www.cuadernosdelaberinto.com

A los que son amados, por su razón de ser,

y a quienes aman bien, porque pervivirán

NOTA PARA EL AMIGO LECTOR, CÓMPLICE, AMABLE, CONCIENZUDO, ESFORZADO, ATENTO, GENEROSO, BENÉVOLO, INCONDICIONAL Y QUERIDO, SOBRE EL LIBRO DE SONETOS DE ANTONIO PERÁN ELVIRA, POETA QUE ES TODO ESO Y AÚN MÁS

Cuando Juan Boscán se encontró en Granada con Andrea Navagiero no sospechó la que se iba a liar.

Imagínate, **amigo lector**, al erudito barcelonés y al embajador veneciano en una de las terrazas del Generalife, charlando de la obra de Petrarca, mientras en el interior danzaban una pavana los invitados a las tornabodas del emperador Carlos con la bellísima Isabel de Portugal.

Allí nació la costumbre de utilizar los metros italianos en la poesía castellana, allí tomó carta de naturaleza el soneto. Acto seguido Boscán convenció a su amigo Garcilaso a que utilizase aquella estrofa mágica y el toledano, a las primeras de cambio, llevó aquella nueva moda a lo más alto, superando los anteriores intentos del Marqués de Santillana, colega suyo de espada y pluma.

Ya sé, **cómplice lector**, que sabes por qué he contado todo esto. Y lo sabes porque has ojeado algunas páginas del libro antes de dedicarle un par de minutos a este prólogo. Por cierto, has hecho bien: en un libro de poesía lo esencial son los poemas, mientras que prólogos, epílogos etc. son adherencias prescindibles. Es más, te diría que el núcleo de la esencia va más allá de los poemas y está en la vida que el autor pone en cada verso. Por eso, cuando algún poeta me pide un prólogo suelo hablar más de él que del libro, cosa que algunos me perdonan y otros no tanto.

¿Qué y quién hay dentro, detrás y al lado de este *Sonetos del buen morir* que nos recuerda a versos de Quevedo; a la ascética y la mística del XVI y al mismísimo Arcipreste de Hita, aunque no escribiera sonetos?

Pues verás, **amable lector**, hay un niño que en su tierra de Murcia vio suicidarse al alacrán encerrado en su círculo de fuego, que se perdió un día cerca del río Guadalentín, que iba con un cubo de estaño a la fuente porque en su casa no había agua corriente, que vivió la inmensidad del campo y las tapias de los corrales.

Hay un chiquillo que llegó a fabricar con tablas y rodamientos aquellos patinetes de los primeros años de la segunda mitad del siglo XX, que hicieron las delicias de los que hoy peinamos canas y vemos con una sonrisa los patinetes de diseño que se compran en Amazón.

Hay, **concienzudo lector**, un muchacho que perdió la vista a los ocho años, pero al que su esfuerzo y las enseñanzas de la ONCE llevaron a una sorprendente madurez vital y profesional, hasta el punto de que podemos afirmar que ve bastante más y mejor que muchos de nosotros que miramos sin ver.

Hay, **esforzado lector**, un joven que un día supo que su familia procedía sin duda de las costas de Asturias, de la comarca del cabo de Peñas, de la pequeña casería de Perán, de donde viene su primer apellido que tantos confunden tantas veces.

Y está también el hombre que a pesar de la falta de visión que a tantos se nos antoja inhabilitante, es hábil para cualquier cosa de la vida, y trabajó de abogado, fue jefe administrativo en la ONCE y ocupó luego distintos cargos de alto nivel en esa entidad, sin abandonar nunca su gusto por la música, el teatro, la radio o la poesía.

Incluso el viajero impenitente —nunca turista de rebaño— que ha recorrido más de cuarenta países, desde la Ruta 66 de EE.UU hasta el mismísimo Japón, pasando por las cataratas de Iguazú.

No olvides, **atento lector**, que estás ante un escritor con respiración humanística, que se mueve en la música, la radio, la informática, el cine, el teatro y las buenas relaciones; que si escribió un par de libros sobre el juego del dominó —uno de ellos lleva treinta años vendiéndose—, llevó siempre la poesía muy dentro y nos la va entregando poco a poco, con los cinco libros escritos hasta el momento, más este que tienes en tus manos que hacen ya la media docena. Vendrán otros que esperamos con impaciencia.

En cuanto al libro, propiamente dicho, **generoso lector**, vas a encontrar algunas peculiaridades más que notables. Peculiaridades tales como la que apuntó el propio autor comentando su libro: «Desde luego, el lenguaje del libro no es el que yo utilizo para hablar con mi vecina, pero es que, si fuera así, hace mucho que habría desaparecido la poesía, en particular, y la literatura, en general»; a lo que añado yo, permítaseme, que si hablase así con la vecina caben dos posibilidades: o que quien desapareciera fuera ella o que, sorprendentemente, cayera rendida a sus pies.

También, **benévolo lector,** verás el peculiar trabajo desarrollado experimentando —a lo largo de 82 sonetos, con un total de 1150 versos y 397 rimas diferentes— con todas las posibilidades habidas y por haber para distribuir los tercetos, mostrar las variadas formas de acentuar los endecasílabos, incluso aquellas de riesgo en las que la mayoría de los poetas no suelen incurrir; todas ellas con arreglo a lo marcado por Lope de Vega y sin llegar al uso del serventesio y pareado final que serían cosa más propia del inglés y los sonetos shakesperianos con su pareado final.

Suenan en este libro, **incondicional lector**, todas las músicas que el soneto, con su estructura italiana trasladada a nuestro aire castellano, nos puede entregar; distribuyendo el conjunto en varias partes que denomina invocaciones y que se corresponden con los temas más habituales de la poesía, desde la amada a la muerte, pasando por los cuatro elementos y otros asuntos de la más pura tradición poética. Es decir todo un ejercicio, no sólo de inspiración, sino de trabajo intenso, sabio y concienzudo.

En fin, **querido lector**, que te deseo una agradable y cómplice lectura de este libro —la complicidad en poesía es imprescindible—, y te invito a pasar por sus páginas siguiendo los pasos de su autor que una vez afirmó: «La literatura se funda en la realidad no solo para reproducirla, sino también para recrearla y transcenderla, y la realidad utiliza la literatura para ponerse sus prendas (las que tiene o las que sueña) y mirarse en un espejo real o imaginario».

Yo estoy en ese esfuerzo, acompáñame; pero sobre todo acompaña a quien nos guía magistralmente por los mágicos vericuetos del soneto, se llama Antonio Perán Elvira.

ENRIQUE GRACIA TRINIDAD

MATEMÁTICA DE LA POESÍA

¿Puede la creación artística entenderse mediante la aritmética? ¿Puede la poesía, como el lenguaje musical, trasladarse a un conjunto de cifras y ecuaciones? Y, si así fuera, ¿es posible que el resultado, lejos de perder fuerza o apasionamiento, se vea potenciado y enriquecido por ello? A la luz de los versos que componen este poemario, la respuesta a estas tres preguntas es un rotundo «sí».

Dice Antonio Perán Elvira que su última obra es «un libro extremadamente técnico». Y, en efecto, podría decirse que estos *Sonetos del buen morir* son un tratado sobre una de las formas poéticas clásicas más practicadas y populares. Pero no por su contenido o su temática, que es igualmente clásica (el tránsito de la vida a la muerte), sino por su despliegue formal. Y el movimiento se demuestra andando, así que en lugar de teorizar, Perán Elvira elabora una suerte de muestrario, o quizá deberíamos decir una exhibición, por lo que tiene de majestuoso su despliegue de ritmos, esquemas y, en definitiva, posibilidades de la disciplina del soneto.

Es un catálogo, entonces, dedicado a exprimir al máximo esa diversidad a base (se verá más adelante) de ejecutar todas las permutaciones posibles en dichos esquemas: particularmente, en las rimas de los dos tercetos finales. Pero no solo funcionan los poemas de este libro por medio de multiplicaciones exponenciales y variaciones entre uno y otro. Dentro de cada conjunto de versos, el autor también ofrece una enorme riqueza de juegos formales: desde esas esdrújulas en las sílabas 5 a 7 de cada verso en el tercer poema a los múltiples encabalgamientos, o el uso constante de unos puntos suspensivos que parecen rebelarse contra la propia idea de finitud que recorre el libro. Y, como forma y contenido son o han de ser una misma cosa, también el yo poético se rebela contra la muerte, como expresa en el soneto 22: «Al contrario, tus funestos acopios / todavía no los tengo por propios / porque sigo itinerante en la tierra».

Hay también aquí y allá inevitables resonancias mitológicas, como en el soneto 25 («Por el profundo vértigo que infunden / tus hilanderas míticas al hilo...»; «como tenaz Penélope, y enhilo»). Y especialmente bien le funcionan al autor las repeticiones, que dotan de una sonoridad especial a varios de sus poemas, ya sea empleada a lo largo de una estrofa («Viviendo, pues, tan por los mares alto, / me da que el mar nunca de mar me cubra, / que vos en mí nada del mar descubra / ni yo con vos viva de mares falto», en el 41) o dentro de un solo verso («Extensa paz la paz de la marisma...», en el 42). Buena prueba de esa musicalidad es el poema número 26, que incluye además imágenes tan poderosas como la que abre el primer cuarteto: «Me vestiré de luz...: no me confundas / con la penumbra gris...», dice el protagonista, sintiendo ya próxima e inevitable la presencia de la Parca.

Pero, si es innegable esa riqueza que posee cada poema de forma individual, es en la forma de articular los mismos donde este libro brilla con luz propia: en la coherencia estructural, la progresión, los diálogos internos... elementos que lo convierten en una obra unitaria, y no una simple recopilación de fragmentos poéticos. Se puede ver en la manera en que los distintos sonetos se continúan unos a otros dentro de las diez «invocaciones» (a la musa, al recuerdo, a la amada...) en que se divide la obra, cada una de ellas compuesta por un número variable de poemas. Sirva de ejemplo la «Invocación al agua» donde el imperativo del soneto 34 («En sus espejos ved...») se extiende de forma orgánica hasta el 35: «Y, sobre todo, notad el concurso / de las moléculas en su universo / líquido (...)», en unos versos que a su vez encuentran su continuación natural en el 36 («¿Veis esos átomos cómo resbalan / de subacuáticas bocas?»). El enlace es también directo entre el verso final de este poema («con nitidez mi sonrisa replican») y el inicio del siguiente («Esa sonrisa que espléndida inflama...». O en los poemas 55 y 56, marcados por sus respectivos «a veces...».

De igual modo, en unos bloques aparecen ecos de los precedentes, o incluso de los que vendrán a continuación. Así, uno siente la tentación de vincular el mencionado soneto 37 con la «Invocación a la amada», del mismo modo que los últimos versos de la «Invocación a la Muerte» parecían ya prefigurar su llegada unas páginas antes. Quizá porque en ese «buen morir» que retrata el poeta (en esos últimos instantes de existencia en los que al fin se da la bienvenida a la muerte), la musa, los recuerdos, la vida y la amada son un todo único e indivisible.

Consigue así el autor dotar al libro de una poderosa estructura, a un tiempo nítida y flexible, donde cada poema es una pieza necesaria de cada bloque, y a su vez cada uno de estos posee, casi en términos de narrativa clásica, su propio planteamiento, nudo y desenlace: «En resumen», comienza diciendo el soneto final de la «Invocación al agua», anticipando así al lector que está ante uno de esos múltiples finales que puntúan el libro. Porque el poemario entero está lleno de pequeños desenlaces, hasta el punto de que la idea misma de final o resolución se erige como vertebradora de la obra en forma y fondo.

Dice el poeta en su valiosa introducción que, en la práctica sonetística española, «se ha ido generalizando, hasta casi excluir cualquier otra posibilidad, el soneto con eje en la sexta sílaba, llegándose a una simplificación rítmica poco deseable; es como si, en música, se hubiese universalizado el pasacalles y toda la música que se compusiese llevase ese ritmo». Por ello, se esfuerza Antonio Perán Elvira en devolver el máximo colorido y la mayor riqueza posible a la más transitada de las formas clásicas. Lo demuestra ya desde el soneto que abre el libro, en el que, en un gesto plenamente significativo, acentúa sus endecasílabos en la quinta sílaba, una práctica tan denostada que se siente casi prohibida. Y, sin embargo, queda patente desde esos versos iniciales que la musicalidad del poema no se resiente un ápice por ello. Exigen los sonetos de este libro, eso sí, que el lector desacostumbre sus oídos, y abra su sentido rítmico a la enorme variedad de posibilidades que tan generosamente le ofrece el poeta. Y no es que Antonio Perán Elvira rechace revertir a ritmos más usuales si la ocasión lo requiere, como demuestra en el soneto 38:

> Cabe también que en el estanque estrecho,
> que nos circunda con amor sencillo,
> floten mis hojas con el tenue brillo,
> de la constante persuasión del pecho.
>
> Cabe que vayan por el blando lecho
> desenredando su confuso ovillo
> y entretejiéndose en nupcial anillo,
> de corazones y azahares hecho.
>
> Si percibís que en semejante trance
> tiene la piel la tentación de erguirse,
> dad ocasión a que mi barca alcance
>
> vuestras orillas, y que pueda asirse
> de vuestra fe, para marchar sin irse,
> mientras que vos me prefiráis al túmulo.

Aquí sitúa los acentos en cuarta, octava y décima, una disposición más amable al oído. Y sin embargo, esa aparente y engañosa normalidad esconde alguna que otra audacia: este poema (y no es el único) rompe con una esdrújula inesperada el esquema de rima en el verso catorce, como si se tendiera hacia un estrambote que no llega. Rompiendo así la musicalidad y el ritmo de la lectura, con un quiebro que evita (permítasenos el símil musical) resolver sus armonías con una cadencia perfecta. Ante un final así, a uno no le queda más remedio que pasar la página, en busca de esa resolución que se le ha negado. Y es que, como indicábamos más arriba, todo en estos *Sonetos del buen morir* gira en torno a la idea de resolución, en lo temático (¿qué es la muerte, sino la resolución de la vida?) y en lo formal, de modo que los tercetos cobran en este libro una especial importancia, así como el mencionado estrambote del poema 82, que da cierre definitivo a la obra y que funcionaría perfectamente como epitafio de ese yo poético que ha transitado desde la vida hasta el otro lado de la existencia.

Así que abandónese el lector al viaje que propone Antonio Perán Elvira: un recorrido emocionalmente catártico, e intelectualmente estimulante, por la vida, el amor, la creación y la muerte, pero también, por qué no, por las posibilidades matemáticas de la métrica y de la rima.

JUANMA RUIZ

NOTA DEL AUTOR

Querido lector: aunque no te lo parezca después de leerlo, los «Sonetos del buen morir» son un libro extremadamente técnico. Suelo decir también de él (medio en broma, medio en serio) que es el libro más clásico, que pudo escribir el autor más clásico de la época más clásica. Y, efectivamente, es clásico:

• En su título (*Sonetos del buen morir*), que nos hace pensar en la ascética o la mística del siglo XVI.

• En su contenido, porque trata del «amor constante más allá de la muerte» de Quevedo, en una época en la que rige la vigencia semanal del amor.

• En su forma, ya que está escrito en algo tan clásico como el soneto.

• En su lenguaje, que, aunque sea del Diccionario de la Lengua Española vigente, parece transportarnos a otra época.

• Etc., etc., etc...

Y siendo un libro tan técnico y tan clásico, ¿a quién puede interesar en el momento actual?

Pues no sé si le interesará a alguien, pero pienso que le puede gustar, en general, al aficionado a la poesía; en particular, al aficionado a la poesía clásica, y más en particular todavía al aficionado al soneto. Incluso creo que le puede gustar y hasta interesar al profesor de literatura poco dogmático porque hallará en este libro ejemplos poco habituales de sonetos, con los que podrá ilustrar sus explicaciones sobre la materia.

1. En cuanto al título, estuve tentado de llamarle *Escuela del soneto* o *Escuela de sonetos*, porque, como se verá, el libro es en sí un análisis exhaustivo del ritmo del soneto y de su estructura de tercetos, pero opté por el de *Sonetos del buen morir*, porque entendí que debía prevalecer el aspecto material sobre el formal o el técnico. Otra cosa es que cualquiera de los apuntados quedara bien como subtítulo. También barajé la posibilidad del subtítulo *Homenaje a Garcilaso de la Vega*, o *Recordando a Garcilaso de la Vega*, porque, aparte de hacerle justicia como introductor del soneto en España, así se entenderían mejor las Invocaciones V, VI, VII y X.

2. Por lo que se refiere al contenido, y siguiendo con mi costumbre de dar unidad argumental a mis libros, los *Sonetos del buen morir* nos cuentan las reflexiones de un hombre en su lecho de muerte, en el que, primero, invoca a la musa, para que destrabe su lengua y le ayude a decir lo que quiere decir. Asimismo, invoca al recuerdo para que sea generoso en sus detalles; luego a la vida, para que se le ofrezca toda en un instante; después a la muerte, conociendo y admitiendo su proximidad, y finalmente a la persona

amada, a quien se exhorta para que lo busque y encuentre allá donde esté. En segundo lugar, producida ya la muerte, en las Invocaciones VI a IX, el protagonista del libro invoca al agua, al aire, al fuego y a la tierra, para que pueda manifestarse en ellos a la persona amada, y a esta para que entienda las señales. La Invocación X es un canto al amor y a la paz del reencuentro.

3. El libro está estructurado, según lo dicho, en diez Invocaciones, y estas en sonetos, hasta un total de 82 (cuatro en la décima, cinco en la quinta, seis en la segunda y tercera, siete en la primera, nueve en la cuarta y octava, once en la séptima, doce en la novena y trece en la sexta). Y el hecho de que sean 82 sonetos no es casual, ya que 82 y solo 82 son las posibilidades matemáticas que existen para hacer tercetos diferentes, bajo las condiciones de que en los tercetos no se encuentren más de dos versos seguidos con la misma rima, y de que tengan un mínimo de dos rimas y un máximo de tres. Esto último no se cumple en el soneto 82, ya que es el único soneto con estrambote, por aquello de ser el último y de requerir para sí un cierto carácter de conclusión del libro. (A modo de notas marginales se indicará en cada soneto su composición).

Los 82 sonetos del libro tienen un total de 397 rimas diferentes, para darle el máximo colorido al texto. Asimismo todos los sonetos son de ritmos distintos, precisando esto de cierta explicación aparte.

Desde que Garcilaso introdujera en España el soneto italiano hasta nuestros días, es posible que se hayan hecho millones de sonetos, pero eso no ha contribuido en la misma medida al enriquecimiento del soneto como estructura formal poética, sino más bien a lo contrario:

Por una parte, se ha ido generalizando, hasta casi excluir cualquier otra posibilidad, el soneto con eje en la sexta sílaba, llegándose a una simplificación rítmica poco deseable; es como si, en música, se hubiese universalizado el pasacalles y toda la música que se compusiese llevase ese ritmo. Esa generalización del eje en la sexta sílaba se debe al carácter central de esta, y a que permite dividir el verso en dos partes iguales, pero eso no es razón suficiente para haberla convertido en opción casi única; de hecho hay quien sostiene que la máxima belleza está siempre en las asimetrías. Salvo para los muy ortodoxos el soneto puede tener el eje fuera de la sexta sílaba e incluso tener varios ejes, sin que por ello pierda ni un ápice de su riqueza, como creo que se demuestra en los *Sonetos del buen morir*. Las posibilidades rítmicas del soneto son prácticamente infinitas (extraigamos la factorial de 82 y veamos el resultado), ofreciéndose en los *Sonetos del buen morir* solo 82, primero y según lo dicho, porque ese es el número máximo de tercetos diferentes, y, segundo, porque suelen responder a modelos puros, es decir, que los ritmos resultantes tienden a ser iguales para todos los versos, cuando lo normal es que esto no sea así, porque la riqueza rítmica se incrementa hasta el infinito con la combinación de ritmos. (Al principio de cada soneto se indicarán las sílabas en que va a recaer el acento en ese soneto. Este detalle puede darse o no en el primer verso del soneto, pero será el que corresponda al soneto en su conjunto).

Por otra parte, desde hace ya tiempo, se viene llamando soneto a cualquier poema de catorce versos endecasílabos, lo cual ha contribuido a la degradación del concepto. Es como si mucha gente necesitara servirse del prestigio del nombre, cuando no aprovecharse de él, para darle prestigio a lo que hace (algo parecido ocurre con la poesía). Y lo cierto es que hay muchos poemas de catorce versos endecasílabos, que no necesitan llamarse sonetos para ser hermosos.

Los sonetos del libro responden todos al modelo que definiera Lope de Vega, es decir: poema de catorce versos endecasílabos de rima consonante, compuestos por dos cuartetos iguales (no dos serventesios, ni un serventesio y un cuarteto) y dos tercetos libres en su composición. El soneto 82 incorpora además un estrambote, que facilita la conclusión del libro. Como ya se ha dicho, los tercetos de todos los sonetos cumplen dos condiciones: que tienen un máximo de tres rimas, y que la rima no se repite en más de dos versos consecutivos.

Esos 82 sonetos hacen, pues, un total de 1.150 versos, que se distribuyen en 397 rimas diferentes. Sé que muchos no compartirán esta exhibición de esfuerzo y hasta que algunos lo tacharán de artificio, Pero, como suelo decir, para mí el arte es composición, y la composición conlleva siempre trabajo; (muy a cuento viene el ejemplo de Juan Sebastián Bach, porque, siendo su música pura matemática, es considerado como el padre de la música). Por otra parte, como persona iniciada precisamente en la música, sé que el timbre es al oído lo que el color es a los ojos, y que el timbre en las palabras lo ponen sobre todo las vocales. Por consiguiente, cuanto mayor sea el reparto de vocales, mayor es el colorido del texto.

Por último y en cuanto al lenguaje, diría que es el adecuado a lo que cuenta. Por lo pronto, salvo alguna licencia y alguna palabra en desuso, todo él está autorizado por la Real Academia de la Lengua Española a cuyo diccionario es posible que haya que recurrir más de una vez, pero no mucho más de lo que se hace en otras ocasiones. Esto tiene una excepción en Las Invocaciones V, VI, VII y X, ya que en ellas se recurre al voseo de otro tiempo, debido al recuerdo de Garcilaso de la Vega, del que ya hemos hablado. Desde luego y ya lo reconozco de antemano, el lenguaje del libro no es el que yo utilizo para hablar con mi vecina, pero es que, si fuera así, hace mucho que habría desaparecido la poesía, en particular, y la literatura, en general.

SONETOS DEL BUEN MORIR

I. INVOCACIÓN A LA MUSA

1

1350

A	**Can**ta **tú** del **mal** lo que las es**tre**llas
B	dicen con su luz, para despojarlo
B	de su faz fatal, y purificarlo
A	con el don del bien que vendrá con ellas.
A	Sepan por tu voz lo que de mis huellas
B	vaya a ser también, y que con contarlo
B	puedan advertir, y comunicarlo,
A	que prevalecí sobre las querellas.
C	Di que con morir nos limitaremos
D	a cambiar de Dios, y si el que dejamos
C	pide sólo pie para que lleguemos,
C	ese de los dos al que tenderemos
D	pide rectitud cuando caminamos,
D	y es la plenitud de lo que esperamos.

2

1350

A	**Can**ta, **pues,** mi **mu**sa con alegría,
B	por aquellos males que se reclinan
B	ante las tinieblas que se iluminan,
A	y el dolor que forja la valentía.

A	Que el que escuche luego tu melodía
B	sepa que sus cuitas se difuminan
B	en gozosos cantos que vaticinan
A	la sonrisa blanca de un nuevo día.

C	Canta, musa mía, por la desdicha,
D	que se vuelve suerte definitiva;
C	que el que sufre entienda la pena dicha

D	como de la gloria correlativa.
C	Cuenta que la parca, tan contradicha,
D	luce hermosas flores de siempreviva.

3

1350

A　**An**da, **mu**sa, **cuén**tanos sin ro**de**os
B　qué pasó tras írsenos el blindaje,
B　que volvió pretérito nuestro viaje
A　y una simple hipótesis sus trofeos.

A　Cuéntanos si pláticas y deseos,
B　quedarán sin réplica; si el lenguaje
B　perderá la sílaba, y el paisaje
A　llenará sus bóvedas de siseos.

C　Anda y haznos útiles predicciones
D　de los ojos ágiles de las luces
C　y las otras fértiles sensaciones....

D　Di si en tus versículos reproduces
D　las verdades póstumas, o trasluces
C　sólo cosas múltiples que supones.

4

13560

A	**Y** si **son** ver**dad, di** que lo que **soy**
B	lo seré después, y que lo que tuve
B	lo tendré también; di que donde estuve
A	dejaré señal de un ayer y un hoy.
A	Por si acaso di qué de lo que doy
B	contará al final: si que me detuve
B	cerca del dolor, o que lo mantuve
A	más por donde fui que por donde voy.
C	Pero, más aún, di si tras la muerte
D	hay alguna luz en que reflejarnos
D	u otra forma gris de manifestarnos…,
C	porque quiero ser el que la despierte,
C	mientras que mi amor no la desconcierte
D	y haga de él hogar en el que encontrarnos.

5

13560

A **Y es** que, **mu**sa, **yo su**pe del ben**di**to
B soplo del amor antes que del fruto
B de mi propia flor, y ante su atributo,
A todo pareció mínimo y prescrito.

A Supe que llegó, porque fui reescrito,
B como si mi autor fuese sustituto
B de un autor mayor, libre y absoluto,
A al que le rindió mi alma su infinito.

C Desde entonces, pues, data la zozobra,
D que me lleva a hacer, musa, mi consulta...;
D porque sé querer, y eso me faculta

C para ser después...; porque sé que sobra
D la razón de ser de la voz oculta...;
C porque sé quién es la que me recobra...

6

13560

A	**La** del **ma**nan**tial cá**lido y sa**lo**bre,
B	que por mí vertió cántaros de hiel,
B	cuando me encontró yéndome con él
A	para ser vital crédito que cobre.
A	Ésa de la sal líquida, que sobre
B	los demás siguió próxima al dintel
B	del eterno no..., dándole cuartel
A	para que mi mal último zozobre.
C	Y es así que fue vértice del cielo
C	por el que vagué...; mi único desvelo
D	fue que su candil lánguido brillase
C	con su antigua fe...; su íntimo consuelo,
D	el que mi sutil hálito constase
D	y mi amor gentil vívido notase.

7

13568

A	**Di**ces **bien:** a**mar es,** al **fin,** es**bo**zo
B	terrenal de Dios...; un sentir que excusa
B	la palabra adiós de quien ama, musa,
A	y trasciende en post del eterno gozo.
A	Es también verdad, que en el negro pozo
B	donde esconde el yo su mitad confusa,
B	el amor triunfó con su luz profusa,
A	e hizo sí del no..., plenitud del trozo.
C	Es por eso tan bueno como justo
C	conocer que soy lo que fui con gusto...;
D	que sabré que estoy cuando de su boca)
D	brote el madrigal con el que me evoca...;
C	que será mi voz el sostén robusto
D	de la pena atroz que por mí le toca.

II. INVOCACIÓN AL RECUERDO

8

13570

A	**Ven** a **mí,** memoria **fiel,** y escu**dri**ña
B	lo que fue mi vida ayer; que restalles
B	como látigo de luz, y detalles
A	esos rasgos que el reloj desaliña.

A	Ven a mí con un fulgor que me tiña
B	del color del corazón; no me falles
B	porque vayas al revés de las calles
A	o de frente en el umbral que me guiña.

C	Y si llegas al desván del olvido,
C	mira a ver si lo que das por perdido
D	tiene su lugar allí; porque cabe

C	que silente en la quietud de su nido
C	se revele más feliz escondido
D	que diciendo como tú lo que sabe.

9

13570

A	**Sin** em**bar**go, **yo** te **pi**do que **ven**gas
B	como viene el sol: barriendo las sombras
B	de tu alrededor, al tiempo que escombras
A	del amanecer lo oscuro que tengas.
A	Pido que desveles cuanto sostengas
B	sobre lo que fui...: ya tiendas alfombras
B	a mis pies, ya culpes cuando me nombras
A	por las dudas que en tu mente mantengas.
C	Pero mira bien que en este retorno
C	no te inspire el alma lenta del horno,
D	cuando vuelve en pan el hambre del músculo...:
C	porque ya no cabe el rojo soborno
D	de la vida..., ni su soplo minúsculo...,
C	ni un así decir del aire en su entorno.

1 0

13570

A	**Co**mo **ra**yo, **lle**gas **sú**bita**men**te,
B	y al momento, derramándote en haces
B	luminosos, rojo y trémulo naces
A	como nace el sol del prístino oriente.
A	Como rayo llenas mi lóbrega mente
B	y entre sus rincones múltiples paces…,
B	prendes sus oscuros ángulos y haces
A	del ayer la luz del último puente.
C	Y con tu mirar de cíclope notas
C	cómo lo que fueron prófugas gotas
D	en la piel de los nenúfares míos,
D	son ahora como cárdenos ríos,
C	por los cuales del pretérito brotas,
C	mientras que en presentes cósmicos flotas.

11

135780

A	**E**res **uno y e**res **más...: más** in**clu**so
B	de lo que quisieras ser... Y es que puede
B	que, tras la postrera lid, ya no quede
A	ni el amor que tu opinión hoy expuso.
A	Eres uno por la luz...: un profuso
B	resplandor universal, tan adrede,
B	que me muestra lo que fue y qué sucede,
A	sin la confusión que en gris se interpuso.
C	Eres más en el color...: no concibo
D	que con tanta prontitud tú resumas
C	los momentos que se van... Ya percibo
C	cómo pongo de una vez pie en estribo
D	y hecho fuerte en tu gentil crin, me sumas
C	a una súplica que yo sobrescribo.

1 2

13580

A	**Pa**re**ci**do **tren,** que de **lar**go **pa**sas:
B	esos que se van en vagón adentro,
B	dime, ¿qué verán? ¿Se sabrán el centro
A	del mirar allén que veloz rebasas?
A	¿Notarán que estén contemplando casas,
B	siendo que las han de ignorar por dentro?
B	¿No percibirán del fugaz encuentro
A	sólo tu vaivén entre informes masas?
C	Misterioso tren: por las delirantes
D	formas del lugar, en verdad parece,
C	ya desde el andén, que los circunstantes
D	van a contemplar lo que les merece
C	cerca del arcén, porque tengan, antes
C	de llegar, el bien del que son garantes.

13

13580

A	**Por** mi **par**te, **ve**o, de**lan**te **mis**mo
B	un semblante en piedra, que no desiste
B	de mirar al lado con aire triste
A	y un empeño inerte de mecanismo.
A	Siento muy adentro como un seísmo,
B	que de toda calma me desasiste,
B	porque soy la causa por la que existe
A	ese ingente río de hiel y abismo.
C	Y su mal es tanto que me conforma
D	con el bien supremo de la renuncia.
D	Es así que ignoro la voz que enuncia
C	un substrato nuevo para mi forma...,
D	y hago del silencio que se pronuncia
D	la morada arcana que el alma anuncia.

III. INVOCACIÓN A LA VIDA

1 4

13580

A	**Yo** te **sien**to **vís**pera, **y es** no**ta**ble,
B	porque sigues próxima sujetando
B	mi vigor al músculo, y apartando
A	de mi ser el término improrrogable.

A	Tú me sientes víctima, y es probable
B	que mis horas últimas pasen dando
B	cuentas al espíritu, y esperando
A	transformarse en mérito perdurable.

C	Y sentimos íntimamente cómo
C	nos invade el vértigo, y el aplomo
D	se nos va a la antípoda... Tú me incrustas

C	entre tus partículas, sin asomo
C	de piedad histórica...; yo te tomo,
E	como parte explícita de mis números.

1360

A	**Es** de**cir,** que, si **fui** recono**ci**ble,
B	fue sin duda por ti...; por el portento,
B	que supuso pasar del sedimento
A	a un espíritu impar e intransferible.
A	Si sentí la pasión incontenible
B	fue por un corazón en cumplimiento
B	del compás de tus pies, y el seguimiento
A	de una ruta después impredecible.
C	Fue quizá la virtud con que derogas
C	la mayor magnitud, y la subrogas
D	por su simple perfil, por lo que supe
C	distinguir el canal por el que bogas,)
E	de tu barca veloz, y al despedirme,
C	conocer de una vez lo que interrogas.

1 6

1360

A   **De** las **co**sas pa**sa**das, por ex**tra**ña,
B   ya que tiene de nube la cabeza
B   y los pies en la tierra con firmeza,
A   me gustó desde siempre la montaña.

A   De los ríos me plugo la campaña
B   concienzuda a los mares..., la presteza
B   con que bajan del monte..., la terneza
A   con que sienten las aguas en su entraña.

C   Y los mares, por cierto, con su empaque
C   de titanes de espuma y almanaque,
D   me enseñaron con olas que lo dócil

E   casi siempre coincide con lo frágil...;
C   que jamás hubo nada que se saque
C   de la nada con algo que destaque.

1360

A	**Pe**ro, **de en**tre las **fá**bricas del **mun**do,
B	me quedé con los árboles...; me digo
B	que por ser sustentáculo y abrigo
A	de la idea polémica que infundo.
A	Me sentí entre los héroes oriundo
B	de las ramas...; tan émulo del trigo,
B	que las cosas pacíficas conmigo,
A	me quisieron limítrofe y fecundo.
C	Fue después que un estímulo de gloria
D	me inspiró con incógnitas de luz.
C	y empezó con su apóstrofe la Historia:
C	Hice marcas con rótulos y escoria,
E	y surgieron repúblicas, metrópolis...,
C	y un mosaico de escrúpulo y memoria.

1 8

13670

A	**Tu**ve **del** ani**mal tres** adver**ten**cias:
B	una fue sobre Dios, y el vaticinio
B	que generalizó mi predominio
A	sobre cuanto mostró sus diferencias.
A	Otra fue sobre mí; por mis urgencias
B	en querer implantar mi raciocinio
B	sobre toda razón, y su escrutinio
A	como sola verdad en las conciencias.
C	Y otra sobre el amor, tan circunspecto
D	con su necesidad en las medidas
C	que pudiesen contar en el afecto.
E	Tres evidencias, sí, y un ultimátum:
C	Hoy comparto las tres, y a su respecto,
C	pongo rectas al sol de lo correcto.

13670

A	**Siem**pre **me** pregun**té, mien**tras va**ga**ba,
B	qué movía mis pies: ¿Era la doble
B	condición para andar, ante el redoble
A	del lejano tantán, cuando llamaba?
A	¿Me impelía virtud, cuando buscaba
B	cómplices en la luz? ¿Era la noble
B	disciplina del sol cerca del roble
A	la que clara y precoz me iluminaba?
C	Nunca me respondí..., porque lo fácil
D	era hacerme decir cosa que puje
D	por honrar a la grey...; nunca conduje
E	fuera de lo normal, pero la tribu
D	fue la fosa común, donde introduje
D	tantos múltiples *yos como produje.

IV. INVOCACIÓN A LA MUERTE

2 0

13680

A	**An**tes, **lue**go y des**pués,** sen**tí** cer**ner**se
B	tu presencia fatal...; a veces leve,
B	como de sensación lejana y breve,
A	de unos ojos fingir en qué ponerse.
A	Otras veces fugaz la vi moverse,
B	pero con certitud glacial de nieve,
B	y hasta reconocí su sombra aleve
A	violentando la piel con tal de verse.
C	Antes, luego y aún tus horas fluyen
C	contra las del reloj, y a nadie excluyen
D	de su rígida ley, ni a mí tampoco.
D	Hoy, al verte llegar, a ti te invoco
E	para que de tu voz se sepa luego
E	si morir es la lid o su sosiego.

2 1

1370

A	**Cuan**do **ni**ño, sólo **vi** tu mal**dad**
B	por doquier…, y en el candor de la infancia
B	padecí por el temor a tu instancia
A	lo que no me merecí por edad.
A	Es lo cierto que, si urgí tu piedad,
B	fue por mí…, por la menor importancia
B	que le daba a mi dolor tu constancia
A	y al valor que pretendí tu equidad.
C	Pero, ya por inquietud o por duda,
C	me encontró la juventud con la aguda
D	desazón existencial de tus garras…:
E	Todo lo que quise bien, en sus plazos,
D	terminó siendo mi mal, y las arras,
E	que pagué por el desdén de tus brazos.

22

1370

A	**De** ma**ne**ra que la **vi**da pros**cri**bes
B	con el más ignominioso reproche,
B	porque ves el persistente derroche
A	de la luz que por principio prohíbes.
A	En la nada que insistente prescribes,
B	es el tiempo como necio fantoche,
B	que quisiera, salpicando tu noche,
A	profanar el infinito que exhibes.
C	Y por eso yo no puedo rendirte
C	pleitesía, ni tampoco servirte
D	de emisario de tus partes de guerra.
E	Al contrario, tus funestos acopios
E	todavía no los tengo por propios,
D	porque sigo itinerante en la tierra.

2 3

1460

A	**Có**mo me **po**seyó la pesa**dum**bre
B	por la proximidad de tu resuello...
B	Cómo por la pasión de mi cabello
A	supe de tu rigor y certidumbre...
A	Siempre contaste con la mansedumbre
B	de mi contestación a tu atropello,
B	y en consecuencia fue sobre mi cuello,
A	menos mi voluntad que tu costumbre.
C	Pero soporto mal que me inmiscuyas
D	en tu complicidad, y me despojes
D	de la puntualidad de los relojes
E	para garantizar tu suministro...;
E	porque me duele ser simple registro
C	de la caducidad en que me incluyas.

2 4

1460

A	**Con** el co**rrer** del **tiem**po, tu mi**se**ria
B	me conmovió por otros..., cuyo Norte
B	fue desde entonces centro que me importe
A	más que mi estrecha y corta periferia.

A	Me desangré por ellos..., cual arteria,
B	que padeció tus uñas y su corte
B	de longitudes negras, y el transporte
A	que transcendió del alma a la materia.

C	Me sorprendí rezando por servirles
D	de parapeto contra la ballesta
E	que disparaba a ciegas... Hoy me expongo

C	a que después de tanto preferirles
E	todas las cosas ciertas que supongo
D	queden aquí con ellos sin respuesta.

2 5

1460

A	**Por** el pro**fun**do **vér**tigo que in**fun**den
B	tus hilanderas míticas al hilo...;
B	por la ruptura drástica del filo
A	que tus tijeras súbitas secunden...;

A	porque vivir con túnica confunden
B	en su labor fatídica..., cavilo
B	como tenaz Penélope, y enhilo
A	para que en nuevas prórrogas abunden...

C	Cierto que ya la túnica que llevo
D	tiene el color más pálido; la talla
E	dada de sí por única, y a pique

D	de sucumbir en última batalla.
C	Mas seguiré vistiéndome de nuevo,
E	cuando merced al término claudique.

2 6

14670

A	**Me** vesti**ré** de **luz…: no** me con**fun**das
B	con la penumbra gris… Sé que es la broza
B	del mortecino sol tal que me emboza,
A	con el disfraz que tú más asegundas.
A	Pero también que en mí, de las profundas
B	márgenes en que doy, y en que retoza
B	la negación del ser, bien que se esboza
A	ese fulgor astral, en que te fundas
C	para pensar que yo no me destaco
D	de la penumbra gris, al desprenderme
E	de lo que fuera ayer, y hoy agoniza.
D	Sé, sin embargo, qué voy a ponerme…,
E	cómo resurgiré de la ceniza…,
C	quién me podrá entrever, aun en lo opaco…

2 7

14670

A	**Y e**sa se**rá** mi a**mor**...: **al**ma de **blan**co,
B	cuyos albores son luces en largo,
B	que me permiten ver lejos del cargo
A	del misterioso mar en que embarranco.
A	Esa a quien sin querer vidas arranco
B	con acabarla yo...; esa que embargo
B	con la penosidad de este letargo,
A	en que me encuentro ya, solo y estanco.
C	Tengo que conseguir, ora que escuche
D	lo que diré quizás..., ora que note
E	que lo querré decir... Porque consulte
E	tanto mi exigua voz, como resulte
C	de su revelación, quiero que luche
D	por florecer por mí, brote tras brote.

2 8

14670

A	**La** trata**ré** de **vos**…: **mí**nima **mues**tra
B	de consideración póstuma… Vela
B	cuán a pesar de sí trémula riela
A	como quien ya cerró su última hiniestra.
A	La llamaré con voz cálida y diestra,
B	porque conozco qué pánico hiela
B	su corazón, y qué férvida anhela
A	cierta mitad de dos, única y nuestra.
C	Como quien cree escuchar árboles, anda
D	con vegetal unción…; pálido rostro
E	con dirección al pie, tímido y hondo…
E	Yo la detengo ya próxima al fondo,
D	y aun la sanción de un dios déspota arrostro,
C	por preservar del mal su ánima blanda.

V. INVOCACIÓN A LA AMADA

2 9

1357

A	**¿Qué** po**dré** mañana **se**ros, se**ño**ra,
B	cuando ya no puedan daros mis ojos
B	otra cosa que los claros despojos
A	de la luz que dan por veros ahora?

A	¿Cómo no reconoceros la aurora,
B	porque ceda a los avaros antojos
B	de la muerte, quien libraros de enojos
A	prometió y amaneceros añora?

C	¿Cómo no..., si vuestros lloros sinceros
D	me permitirán oíros al punto,
C	penetrar por vuestros poros y haceros

D	de mi amor y los suspiros trasunto...?
E	¿Un sendero que extramuros se eleva
E	y al ayer de los futuros nos lleva?

13580

A	**Has**ta **que** nos **u**na la **mis**ma **ci**ma…,
B	hasta que los pasos no lleguen más…,
B	no cedáis al fuego de los demás
A	esa llama viva que en vos anima.
A	No dejéis que nadie por vos dirima
B	si decir adiós es quedar atrás.
B	Sé muy bien que el sol no será jamás
A	luz que de la sombra ya me redima.
C	Pero sé también que será por vos,
D	a partir del alma que nos encumbra,
D	por quien saque fuerzas de la penumbra
C	para andar al borde de vos y Dios;
E	procurando ser en la superficie
E	cierta duda al menos que en vos se inicie.

3 1

13680

A	**Os** su**pli**co, por **tan**to, **que** le **deis**
B	importancia a los signos, por los cuales,
B	alguien vela por vos en los umbrales
A	y os consuela del mal que padecéis.
A	No temáis, por favor, ni interpretéis
B	que es falaz el tenor de las señales,
B	porque exceda a los hechos naturales
A	el misterio que vos esclarecéis.
C	No temáis ni dudéis: dejad que vibre
D	de emoción vuestro ser..., que el arrebato
C	del amor otra vez os haga libre.
E	Y si al cabo pensáis que soy aún
D	el que más os amó, buscad mi trato
E	de entre lo que entendáis lo más común.

1370

A	**Por** e**jem**plo, **con**tem**plad** las es**pi**gas,
B	cuando danzan en unánime bloque:
B	pareciera que una mano las toque
A	con blandura de caricias amigas.
A	Pareciera que sonaran cantigas
B	a lo lejos, a que el aire convoque
B	los espíritus que fueron, y troque
A	por la sílaba del sol las intrigas.
C	Escuchad con atención: en lo oculto
D	y en la lengua más antigua del hada,
E	os diré, para que nadie sospeche,
C	que del borde de las alas resulto
D	mariposa, que se mueve por nada,
E	sin que en nada ni aun a nada aproveche.

3 3

1380

A	**Pe**ro **vos,** con la luci**dez** del **ra**yo,
B	captaréis, por lo que sabéis de mí,
B	que es la flor la que disimula así,
A	su nostalgia por regresar a mayo.
A	Que es mi voz la que con aquel desmayo
B	rinde cuentas de lo que entonces fui
B	y os convence de mi presencia aquí,
A	aun lo cierto que con hablar soslayo.
C	No os importe si musitáis: ocurre
D	que es la forma de pronunciar el nombre
C	más confusa, pero también discurre
E	por los labios a los que Dios desciende.
E	Permitid, pues, que la piedad enmiende
C	vuestras preces y responded al hombre.

VI. INVOCACIÓN AL AGUA

3 4

14680

A	**Pue**de que el **agua sea don**de e**xis**to...,
B	puede que sea al cabo donde fije,
B	de las moradas, la que en sí cobije
A	más fidedignamente el gris que visto.
A	Puede que quede en claro más que listo,
B	para mostrar que es cierto cuanto dije,
B	sobre que el alma así se regocije,
A	por despertar y estar en vos previsto.
C	En sus espejos ved, y acaso ocurra
D	que, por detrás del ojo, donde el orbe
C	tiene principio o fin, según discurra,
C	mi nebulosa faz a vos recurra
D	para dejar la nada que le sorbe,
E	y concretarse en algo más que hipótesis.

3 5

1470

A	**Y,** sobre **to**do, no**tad** el con**cur**so
B	de las moléculas en su universo
B	líquido..., mientras fugaz y disperso
A	va pareciendo veraz su discurso.
A	Dad ocasión a que, con su transcurso,
B	caiga del tiempo mi voz, y que inmerso
B	quede con vos yo también en el verso,
A	y a la mitad inmortal de su curso.
C	A las burbujas tenéis que elegirlas
D	por sus espumas de mar, tan acordes
C	y predispuestas al sí, que, si oírlas
C	es como ser otra vez, al decirlas,
E	sé que daré de vivir, al albur
D	del ajetreo vivaz de sus bordes.

3 6

1470

A	¿**Veis** esos **á**tomos **có**mo res**ba**lan
B	de subacuáticas bocas? ¿Notáis
B	la dimensión infinita a que vais
A	y en la que todas las cosas recalan?
A	¿Veis con la perseverancia que escalan
B	para llegar al instante en que estáis,
B	y resarciros de cuanto penáis
A	con lo que tan complacidos señalan?
C	Son como formas prohibidas, , que vuelven .
D	de los abismos, y a modo de fénix,
C	a sus cenizas la gloria devuelven
C	con apariencia de labios; resuelven
E	significar, y entre tanto se explican,
E	con nitidez mi sonrisa replican.

1470

A	**E**sa son**ri**sa que es**plén**dida in**fla**ma
B	la superficie, nostálgica acude
B	desde el ayer, y elevándose elude
A	la compulsión con que el tártaro llama.
A	Va perfilando su lúcida trama
B	para que nadie por lóbrega dude
B	de que la luz inequívoca alude,
A	a quien por cima de límites ama.
C	Va conquistando la altísima torre
D	de vuestros ojos, tan íntima y pura
C	que resucitan, y alígera acorre
D	vuestro dolor con la mágica cura
C	de esa sonrisa, que rápida corre
E	desde el ayer a la púrpura tórrida.

3 8

1480

A	**Ca**be tam**bién** que en el es**tan**que es**tre**cho,
B	que nos circunda con amor sencillo,
B	floten mis hojas con el tenue brillo,
A	de la constante persuasión del pecho.
A	Cabe que vayan por el blando lecho
B	desenredando su confuso ovillo
B	y entretejiéndose en nupcial anillo,
A	de corazones y azahares hecho.
C	Si percibís que en semejante trance
D	tiene la piel la tentación de erguirse,
C	dad ocasión a que mi barca alcance
D	vuestras orillas, y que pueda asirse
D	de vuestra fe, para marchar sin irse,
E	mientras que vos me prefiráis al túmulo.

240

A	Incluso **pue**de que me interco**nec**te
B	con vos en cúmulo, mientras descorro
B	sus dedos líquidos, y que en el chorro
A	de vuestras lágrimas se me detecte.

A	Oiréis quizás, por lo que nos afecte,
B	la lluvia hablar, y que, con su socorro
B	y al son monótono del abejorro,
A	del alma al léxico se nos proyecte.

C	Y así, con ángeles que se establezcan
C	en nuestros diálogos, y nos ofrezcan
D	la lengua propia de las mariposas,

D	podremos ser, entre las luminosas,
E	la luz atónita, y en los propósitos,
C	las voces últimas que permanezcan.

4 0

2450

A	Es**tad** al **mar, an**tes de que la **tar**de
B	consienta ser cómplice de la luna.
B	Estad allí, donde por la fortuna
A	de sol y azul nada nos acobarde.
A	Será lugar en el que nos aguarde
B	la inmensidad: esa que mancomuna
B	con lo total, y sin que de ninguna
A	revelación mística se nos guarde.
C	Escribe tan claros sus jeroglíficos...,
C	son tan de sal, líquidos y específicos,
D	que no tendrán sombra que los prosterne.
D	Y vos y yo, sin que se nos gobierne,
E	podremos ir libres por el espíritu,
D	y hablar y hacer ya lo que nos concierne.

41

24580

A	Vi**vien**do, **pues, tan** por los **ma**res **al**to,
B	me da que el mar nunca de mar me cubra,
B	que vos en mí nada del mar descubra
A	ni yo con vos viva de mares falto.
A	De espuma y sol pinto mi faz; resalto
B	mis rasgos tal cual vuestra fe lucubra;
B	y evito ser cresta que el mar recubra
A	sabiendo ser cima de cada salto.
C	Nos va a los dos cosa que el mar celebre
C	de mí o de vos; va con los dos que enhebre
D	la cuenta atrás, y haga sus arrecifes.
E	Nos viene bien…, y, desde luego, dándonos
C	tanto de sí, puede que se nos quiebre
D	viéndose mar gracias a dos esquifes.

4 2

2460

A	**Extensa paz** la **paz** de la marisma...
B	Difícil es creer que se produzca
B	con tanta plenitud, y nos conduzca
A	a un más allá, que en sí nos ensimisma.
A	Pacífica y azul, con su carisma
B	de sobrenatural..., ya nos enluzca
B	la pátina del sol, ya nos seduzca
A	la nada vegetal que nos abisma.
C	Aquí tenéis la luz que preferís
C	al fin de percibir lo que sentís.
D	Veré si puedo optar, entre los juncos,
E	al soplo celestial, y reivindico
C	mi personalidad sobre lo gris,
E	con la que en vos y en mí me significo.

43

2460

A	Po**déis** mi**rar** de**ba**jo cuando os **plaz**ca,
B	que no veréis las ruedas que lo portan,
B	ni los robustos ejes que soportan
A	las vueltas con que el movimiento nazca.
A	Convengo con la duda que renazca
B	que solo con las ruedas se transportan
B	los ríos semejantes, y comportan
A	un fondo donde el blando giro yazca.
C	No obstante, ya que el fondo taciturno
C	recibe vuestros ojos, embadurno
D	mi espíritu de luna y esperanza.
E	Y así tendréis mi imagen sin el déficit
D	que impone la ilusión y la añoranza,
C	tan tiernas a la siega de Saturno.

4 4

2460

A	¿A **qué** se **de**be el **sú**bito ga**lo**pe,
B	y cada vez más rápido? ¿Qué surge
B	de pronto que en vorágine se insurge
A	y aspira a ser acúmulo sin tope?
A	Si no se ve fenómeno que cope
B	tu mal, , ¿por qué tu pánico? ¿Quién urge
B	tu afán, y de su espíritu resurge
A	la fuerza que los ánimos arrope?
C	Acaso con el vértigo te frustres
C	y no divises ángeles ilustres
D	cayéndose del ángulo y cerrándolo.
E	Quizá que ni el estrépito tan próximo
D	te indique que cerrándose y buscándolo
D	te tiene como víctima alcanzándolo.

45

24680

A	El **agua** a**que**lla **no** fue **tan** dis**tin**ta:
B	quizá que no sació la sed directa
B	del surco que la planta al pie conecta,
A	mas no por eso la creerán extinta.
A	Quedó la nube con su mies encinta
B	sirviendo de pantalla al sol; perfecta
B	de usar, por lo que el alma a vos respecta,
A	su piel a contraluz en vez de tinta.
C	Es cosa bien sabida qué contarse
C	si son, de dos posibles, dos a amarse,
D	y el tiempo de las nubes es otoño.
E	Haremos, pues, con nube y sol que vuelva
E	la selva del amor a ser la selva,
C	en la que solo crezca amor que darse.

4 6

360

A	En re**su**men, des**pués** de que de**sis**ta
B	de beber, porque el cuerpo se desunza
B	de la sed y del ansia con que punza,
A	en el agua quizás es donde exista.
A	Por si acaso, velad porque persista
B	la humedad en la boca..., que la frunza
B	la atracción de los besos..., y nos unza
A	la pasión que en el sueño nos conquista.
C	Reparad en si busco de los labios
D	mi lugar en su piel, en el que serles
E	el sabor del ayer, o me conformo
E	con estar, y sentir que me transformo
D	de sabor en color, para poderles
D	distinguir, y a la luz corresponderles.

VII. INVOCACIÓN AL AIRE

4 7

24680

A	**A**que**llo que en** el **a**gua **po**co **cu**po
B	parece ser aquí su propio origen,
B	y ahora sus sutiles alas rigen
A	el hueco que entre lado y lado ocupo.
A	Aquí mis restos a la altura aúpo,
B	y en post del sueño con detalle eligen
B	un soplo con que de la muerte exigen
A	que exprese de la vida cuanto supo.
C	En ese soplo, cual araña trenzo
C	con hilo de susurro cierto lienzo,
D	que impide que la nada mi alma absorba.
C	De modo que en el aire el hado venzo,
D	con una permanencia que le estorba,
E	por convertir el fin en mero tránsito.

4 8

2470

A	**Co**mo **u**na **go**ta de **pez** que se e**xhi**ba
B	en un mayúsculo sol y lo nuble,
B	así mi amor, hasta aquí indisoluble,
A	será del sol un color que lo inhiba.
A	Como una pizca de miel que reciba
B	la mar, y siga después insoluble...;
B	como un enigma que fue irresoluble
A	por una sombra que no se conciba...
C	Así mi amor, como Dios en su barca,
C	verá la luz, tras vencer a la parca,
D	y hará posible creer y alcanzarle.
C	Y yo por vos dejaré la comarca
E	del más allá, volaré donde el céfiro
D	sosiegue más, y podréis respirarle.

4 9

2470

A	**Podréis** tam**bién,** porque **cie**lo os de**sig**no,
B	saber de mí, aun apenas trasponga
B	la puerta al Hades, y en tanto disponga
A	mi amor por vos en el viento benigno.

A	Sabréis que estoy por lo claro del signo…,
B	porque es impropio que el alma anteponga
B	las apariencias a lo obvio, y exponga
A	por un suspiro su llanto más digno.

C	Tal vez la flor los silencios expugne
C	con un ariete de seda, e impugne
D	la paz que rige el vacío del cosmos.

C	Tal vez perfume el recuerdo y propugne
E	que, más allá del aroma que enseñan,
E	están las flores que viven y sueñan.

2470

A	**I**gual que **bri**sa de **pá**jaro, **lle**ga
B	formando ráfagas íntimas, tapa
B	sus alas con enigmática capa
A	y al escondite del pétalo juega.
A	En esa suerte entre lúdica y ciega,
B	la flor de toda vorágine escapa,
B	y en el olor de la música atrapa
A	los rasgos que en lo limítrofe niega.
C	¿Será tan solo mi póstumo cuño
C	un simple efluvio, que exánime empuño
D	sin más valor que el que el pájaro finge?
D	¿Podré engañar al que el ánima astringe
C	con esa flor que con sílabas bruño
E	y hacer de vos una intérprete cómplice?

5 1

2480

A	Yo **sé** que **sí,** tras el fa**tal e**dicto
B	y amén de flor, que lograréis hallarme,
B	y yo también conseguiré mostrarme
A	con excepción de su rigor estricto.
A	Yo sé que soy un inmortal convicto,
B	y allá detrás, donde debí quedarme;
B	en el rincón que resolvió otorgarme
A	aquél que es juez en ulterior conflicto.
C	Incluso sé que es el amor consigna
D	que sigue el juez, cuando del bien emerge
C	y a cada cual a su lugar asigna.
D	Por eso, sé que mi lugar converge
E	con el de vos, por el amor que purgo,
C	y cuál será su decisión condigna.

5 2

2480

A	Del **mo**do, **pues,** que del per**fu**me **bro**to,
B	querrá mi voz en la volátil hoja
B	vibrar también, sobre la cuerda floja
A	de un gran violón que en lo remoto froto.
A	Será su trémolo de timbre roto
B	y en dimensión que la memoria aloja,
B	como una abeja que su lengua arroja
A	y absorbe el néctar del sentido ignoto.
C	Y en tanto pase que el insecto zumbe,
D	según los otros, con el alma franca
C	a vos y a mí por su palabra incumbe.
D	Dirá las mieles que su industria arranca,
E	según aquellos, a nosotros cumple
D	decir las mieles de la muerte blanca.

5 3

250

A	Se**réis** oca**sión,** por el minis**te**rio
B	del aire invernal, de que se exorcice
B	mi voz de su mal, y que finalice
A	la inmensa aflicción de su cautiverio.

A	Podrá la inflexión, aun en el misterio,
B	volver al umbral en que se deslice
B	por lo material, y que verbalice
A	la mutua razón de nuestro criterio.

C	Seréis la virtud, por la que despacio
D	se salga después de su catacumba,
C	y en suave talud, como de prefacio,

E	al mar carmesí de las hecatombes
C	reintegre en alud lo que del espacio
D	regresa a los pies, mientras se derrumba...

5 4

250

A	Es **al**go que **pa**sa con mi no**ti**cia:
B	que nunca se sabe si comparezco
B	llevado del aire que favorezco,
A	o bien soy el aire que la propicia.
A	Sucede lo mismo con mi caricia,
B	que es cosa del aire, si me estremezco,
B	o mías las alas, si permanezco
A	detrás del prejuicio que me codicia.
C	A vos, sin embargo, por lo que tañen,
D	os placen campanas y testimonios,
C	que en boca de nadie nos desentrañen.
E	Y tanto os complacen que, donde esté,
C	haré que los aires nos acompañen
E	y asuman conmigo lo que diré.

5 5

250

A	A **ve**ces son **rá**fagas en cen**tu**rias,
B	que cercan anónimas el redil,
B	apagan la súplica del candil
A	y entonan el cántico de las furias.
A	Resuellan unánimes en injurias,
B	y en vez de un apéndice de marfil,
B	enristran un lúgubre proyectil,
A	que es nuncio de pánicos y penurias.
C	Se mueven cual púgiles, y en sus giros,
D	despiden antílopes por los pies,
C	que huelen a lágrimas y suspiros.
E	A veces son ráfagas…, pero nunca
D	serán esos ángeles de después,
C	que vuelan con júbilo por deciros.

2560

A	A **ve**ces tam**bién, al** parpade**ar,**
B	el aire que dais tiene de mi voz
B	apenas un sí tímido y veloz,
A	que calla al decir, muy a su pesar.
A	Segada a cercén, casi sin estar,
B	os consta que soy esa mies en hoz,
B	que da su color a la luz precoz,
A	y cesa después antes de mirar.
C	Me dais a vivir, y aun en la mudez
D	del aire menor, voy con lentitud
C	pudiéndoos decir cosas a la vez.
E	No son ilusión, tal como querrán
D	las dudas de sal, sino magnitud
D	del alma a merced de la plenitud.

5 7

2570

A	Y el **ai**re que **vie**ne y **va** por jar**di**nes,
B	queriendo tener que ver con las flores,
B	os da a respirar así mis olores
A	al suave y sutil olor de jazmines.
A	Abiertos de par en par sus confines,
B	se empiezan a despertar los rumores,
B	y al fin os confieso yo mis amores
A	al doble decir amor de violines.
C	Inspira y espira tan ordinario,
D	que de ese vaivén tendréis en el tiempo
C	la justa noción del ser necesario.
E	Contad con que estoy detrás de la raya...,
E	que voy donde vais..., y allá donde vaya,
C	seré del amor y el bien emisario.

VIII. INVOCACIÓN AL FUEGO

58

2570

A	A **ti,** lumi**no**so **fue**go, que in**so**las
B	a modo de estrella: dicen que engulles
B	mechones de luz; que luego la mulles
A	y esponjas así tus lenguas y colas.
A	A poco de ser, flamante enarbolas
B	un mar de coral, en donde zambulles
B	tu piel de dragón e inquieto rebulles,
A	y enciendes por fin celosas farolas.
C	En ese jardín de luces vivíficas,
D	consigo también que mi alma denuncie
D	su vida de flor y al cielo renuncie.
C	Aparto después las sombras prolíficas,
C	las hago trasluz de formas magníficas,
E	y surge la fe propicia a los códigos.

2570

A	En **es**te rin**cón** del **pós**tumo **del**ta,
B	con soles asaz de súbito insignes,
B	yo niego que tú con ánimo indignes
A	al sol por mostrar tu túnica suelta.
A	Yo niego que esté la púrpura absuelta
B	de todo color..., que rúbrica signes
B	haciendo de juez, y autócrata asignes
A	dolor a la piel en ánima vuelta.
C	Aquí donde estoy, el único pulso
D	que es propio de piel, alzándose el ave,
D	es el del amor sin mácula grave.
C	Con él y por ti del límite expulso
D	la nada abismal, y un hálito suave
E	comienza a regir tus tórridos ímpetus.

6 0

2580

A	Acógeme, **pues,** como **buen señor,**
B	y déjame entrar sin ningún prejuicio:
B	yo soy natural del menor resquicio
A	con tal de llegar y servir mejor.
A	Alójame en ti…, donde más ardor
B	se deba mostrar, y verás que inicio,
B	con todo rigor y mayor oficio,
A	la suerte eficaz de cualquier labor.
C	Incluso me da que mi tez maltrecha
D	recobre el color que la luz soslaye
D	y en rasgo y ayer sobre mí se explaye;
C	Y al cabo tendré condición de flecha,
E	que parta veloz de tu hogar al humo,
C	y luego otra vez a tu hogar derecha.

6 1

2580

A	**A**s**í** se di**ri**ge y cons**tan**te **tor**na
B	la leña a los altos en prieta hueste,
B	dejando su estela de espeso tueste
A	remota memoria que el aire extorna.
A	A lomos el alma sublime entorna
B	los ojos al juicio por cuánto reste,
B	y atenta al recuerdo que el humo geste,
A	se presta a los sueños que el habla ahorna.
C	Y en tanto que el humo se esparce en rastros,
D	Que cubren el campo con densa mancha,
D	el alma se huelga de ser tan ancha
C	y henchir con su gozo los mismos astros.
E	Después solo caben profundos bosques
D	y un pecho de siglos que en Dios se ensancha.

6 2

2580

A	En **e**sa par**tí**cula **gris,** que ex**pul**sas
B	al borde del éxtasis, yo convengo
B	y en lenta retórica voy y vengo
A	según el metódico plan que impulsas.

A	Merced a las ráfagas más convulsas,
B	a veces el vértigo no prevengo,
B	y en una finísima red retengo
A	ya dudas de pájaro, ya repulsas.

C	Me sirven de lápices el hollín
D	y el cielo de página; solo tiene
D	que ser de la atmósfera aquel que viene.

E	Sabrá por parábolas que es azul,
C	a modo de príncipe, cuál su fin
C	y cuán de lo mágico paladín.

260

A	Y a**llí** procura**ré** reprodu**cir**
B	con tal fidelidad la sensación,
B	que no procederá de la razón
A	cuestión a soslayar o discernir.
A	Allí conseguiré preconcebir
B	la paz a plenitud del corazón,
B	y hacer de la quietud y la ilusión
A	un bien que regirá lo porvenir.
C	Verás que esbozaré por tu merced
D	mi faz..., que en tu zigzag figurará
D	quizá sin su color..., pero será
E	mi faz en tanto yo y en tanto tú.
C	Al fin la libertad es como red
D	de un mar que en la verdad nos unirá.

260

A	A **paz**…, a desper**tar**…, a cere**mo**nia
B	del sol con ocasión de su bautizo…;
B	a mies que resultó, por el hechizo
A	del pan, celebración en la colonia.
A	Tu plan fue conquistar con parsimonia
B	la fe del respirar transfronterizo,
B	entrar en su pulmón allegadizo
A	y hallar lo que de Dios se testimonia.
C	A clan y persuasión, con que convences,
D	veloz en tu corcel, de que se zafe,
D	la piel aun de su crin en cuanto piafe.
E	Estás, en conclusión a que las trompas
C	te den a conocer, cuando comiences,
E	triunfal entre la luz y entre sus pompas.

260

A	**Allá** donde cre**pi**tas me insi**nú**o
B	también..., donde deciden las astillas
B	marchar contra las llamas amarillas,
A	y arder estrepitosas. Acentúo
A	mi voz en los disparos..., la atenúo
B	después, cuando la guerra por guerrillas
B	está por la sorpresa, y a hurtadillas
A	detrás de la trinchera me sitúo.
C	Tendré que protegerme con el tronco,
D	lanzar con elocuencia mi venablo
D	y hacer que se me entienda mientras hablo.
E	Seré en definitiva como simple
D	cuestión a concretarse en el vocablo,
C	del ser inapelable en que me entronco.

6 6

260

A	**Ti**z**ón** que, despren**dién**dote, te **de**jas
B	llevar a las antípodas: seguro
B	que vas desintegrándote por puro
A	placer de las flamígeras abejas.
A	Se ve que ni del método te quejas,
B	y así, por enigmático y oscuro,
B	serás del esotérico conjuro
A	un ser al que inequívoco cortejas.
C	Si crees que en tu propósito te es útil
D	contar con el acólito ideal,
D	dispón de mi minúscula señal.
E	Tal vez, en los relámpagos que expropies,
D	estén los de mis lámparas, e igual
E	su luz entre tus lámparas acopies.

IX. INVOCACIÓN A LA TIERRA

6 7

2670

A	Y **tú,** que por es**tar e**res pa**s**ivo
B	sostén de lo demás, anda y pregunta
B	si el mar con su vaivén solo repunta
A	por ir aquí y allá, siempre evasivo;
A	o bien si el huracán tiene motivo
B	que esté en tu comprensión, cuando barrunta
B	ruindad y destrucción, mientras pespunta
A	tu piel desde el halcón raudo y altivo;
C	o si es que del volcán debes guardarte
D	con tal de preservar, firme y redonda,
E	tu faz de la irrupción roja del vómito...
C	Estás para mi bien, porque quedarte
C	te da la posición donde encontrarte,
D	y a mí la del rincón, donde me esconda.

6 8

2680

A	**A**sí que, con es**tar,** en **ti** coin**ci**de
B	mi ayer con lo que fui, y aún se suele
B	decir que por aquí mi amor se duele
A	del mal que, por vivir, vivir le impide.
A	También en lo que soy tu ser incide,
B	por dar a quien amó lugar que vele,
B	y un bien a recordar, después que riele
A	su luz donde la luz por fin anide.
C	Es más, aun sin tener que estar de suyo,
D	será por el amor que en mí se cumpla
E	que esté por recorrer tu piel extensa.
C	Iré, por concretar y así concluyo,
C	a dar con mi color color al tuyo
E	y hacer que sienta amor amor que piensa.

6 9

270

A	Te **tie**nes que compor**tar** con el **tac**to
B	de Venus, y prescindir de los grises
B	del hueso, cuando la luz improvises
A	de noche con tu pincel inexacto.

A	La tienes que proteger del impacto
B	de Marte, cuando la voz me requises,
B	y asignes a la función que precises
A	los tonos de los que yo me retracto.

C	En cambio, conseguirás por tu medio
D	que vuelva desde la flor a llamarla
E	del modo que conocí de los lirios.

C	Incluso me dejarás en tu predio
D	buscarla sobre tu piel, encontrarla
C	y amarla con tu favor intermedio.

7 0

270

A	Se **di**ce de los o**lo**res y **ro**ces,
B	que flotan en la nostalgia sin fuste;
B	que es cosa de la añoranza que guste
A	del sueño con sus delirios y goces;
A	Se insiste en que los confusos desbroces
B	del ansia, por claudicar al embuste,
B	es propio que en el sentido se incruste
A	su mano con fantasías precoces.
C	No obstante, y aunque por juicio lo piense,
D	lo siente con evidencia tan fija,
E	que duda del pensamiento y la súplica.
C	Por tanto, que la cordura dispense
D	que luego con la demencia transija
D	y sea por la que el alma se rija.

7 1

280

A	Sin **or**den..., como sin mi**rar**..., de**sun**es
B	y esparces tu continuidad..., achacas
B	la sal a la disolución, y atracas
A	las islas que en tu alrededor reúnes.

A	Son partes a tu natural comunes,
B	las cuales con habilidad sonsacas
B	al mar, y con obstinación destacas,
A	por ser a la profundidad inmunes.

C	Su sólida vinculación al todo
D	les da verosimilitud, y en síntesis,
E	las pone en la necesidad del barco.

C	Y en fin, por su vicisitud, son modo
E	del alma de representar un marco
C	distinto, donde encontrará acomodo.

350

A	A los **al**tos **va** para que le **den**
B	referencia azul de lo que pasó:
B	si se fue por fin, o si se quedó,
A	y si está quizás entre los que estén.
A	Por los altos va como la rehén
B	del amor fatal, porque se entendió
B	que inventaba a aquel por quien preguntó
A	y pregunta aún a los que la ven
C	Sin embargo, yo, cuando se presagie
D	que me espera allí donde ni la insignia
E	diferencia al rey como para verlo,
C	subiré también, y mientras contagie
E	con mi ser su ser, hasta trasponerlo,
E	por el alto iré para merecerlo.

7 3

350

A	Como **flor** a**brien**do se desen**ro**lla
B	de mi amor el sueño…, lo reconduzco
B	por caminos nuevos, y lo introduzco
A	donde el bosque entero se emperifolla.

A	Porque jungla adentro se desarrolla
B	la reunión de tiempos, en la que luzco
B	mis instantes viejos, y los deduzco
A	del torrente eterno que los arrolla.

C	Al abrazo suelto de los collares
D	seguirán los prietos, en su estrategia
E	de quedar exentos de lo limítrofe.

D	Y al llegar al cuerpo que nos colegia,
C	taparán sus huecos los azahares
C	para hacer un medio con nuestros pares.

350

A	En tus **par**tes **ín**timas, cuando o**cu**rro,
B	del infausto término me recobro,
B	y el terrestre régimen del que sobro
A	se convierte en límites en que incurro.
A	Por entonces, sábese que discurro
B	por la sombra acólita..., que maniobro
B	por ignotos ángulos, y que cobro
A	posiciones tácticas de susurro.
C	Hasta incluso táctiles..., cuando irrumpen,
D	con andar de trémulo caracol,
E	los heraldos íntimos de la magia,
D	y se dan al pálpito sin control
C	y a los aires sólidos, e interrumpen
D	la fusión omnímoda con el sol.

7 5

3560

A	En tu es**te**pa a**zul, pon** que cuando **lle**gue
B	me sospeche en ti, y haz que en su vigilia
B	se interese en ver qué me domicilia
A	donde el sol en sí más desasosiegue.
A	Y aunque ya ni dé luz a que me entregue,
B	notará que estoy… aun cuando se exilia
B	de mi ser la voz, y aun se desafilia
A	de lo que es en fin ley a que me pliegue.
C	En tu estepa azul, es como que valgo
D	la mitad de mí, ya que lo terrestre
E	me confina allí, cruel entre sus limbos,
D	y me impide dar pie para que muestre
D	mi constancia aún; bien que lo demuestre
C	que me intuye en ti, pon que en cuanto salgo.

3560

A	El de**sier**to, **no obstan**te, me excep**tú**a
B	de callar, y ya vaya como torne
B	de mirar, su fiel ojo, que se entorne
A	para ver, allá lejos se sitúa.

A	Con su arena gris ocre me insinúa
B	su extensión total, luego que la ahorne
B	como pan el sol, y antes que la adorne
A	con la luz que en miel y oro se licúa.

C	Por el día soy parte de la réplica,
D	que le da a la sed algo de ilusorio
E	manantial, y a mí vida reflejándome.

D	Por la noche soy soplo obligatorio
D	de la fe..., y tú solo purgatorio,
E	donde está mi amor triste respirándome.

77

3570

A	Como **sier**pe en **qué** rep**tar,** las en**vi**dias
B	se deslizan verdes…: Son como nuncio
B	del engaño ruin, y así las denuncio,
A	porque dan lugar al mal con que lidias.
A	Subrepticiamente van sus insidias
B	por tu campo fértil… Yo las anuncio
B	por sus nombres, y al pasar las pronuncio
A	con el acre son de hiel y perfidias.
C	Si reptil dejó de ser, y se yergue
D	para ser hostil, sabré levantisco
E	por la mies herir también, y entre fastos
D	de quien ya pasó por hoz y pedrisco,
E	brotaré de igual cariz en los pastos
D	que sin agua más allá por el risco.

3570

A	La ciu**dad,** en **fin,** pre**ten**de que en**glo**ba
B	lo mejor de mí...; que incluso compulse
B	voluntad y ser, y en ellos me pulse
A	para hacer verdad los sueños que encoba.
A	El hogar, quizás, y acaso la alcoba,
B	agradecen más que el alma se impulse
B	de la sombra al sol, y al aire propulse
A	la pasada voz que el suelo me roba.
C	Por así decir, hallarme en su cámara
D	me permite estar constante en su elipse,
E	percibiendo luz a cambio de espejos;
D	alumbrarme, pues, sin noche ni eclipse
E	devolverle yo mis tenues reflejos
E	y orbitar los dos más cerca de lejos.

X. INVOCACIÓN AL AMOR

7 9

2670

A	**Amor** en conclu**sión**...; **tal** apa**ren**ta
B	después de despertar, bien por desliz
B	del sol al resbalar, bien al cariz
A	del haz que en combustión aun se incrementa.
A	Amor sin remisión...; tan de mi cuenta
B	que vos, sin precisar más directriz,
B	podréis determinar, ya de raíz,
A	según el corazón, qué representa.
C	Por vos y por amor, soy la metáfora,
D	capaz de proferir un sortilegio,
D	que da a lo del morir el privilegio
E	de ser en plenitud luz en los bronces.
E	Y vos por su virtud sois por entonces
D	razón para incurrir en sacrilegio.

3570

A	Deci**di**da**men**te, **si**go la **ru**ta
B	del amor, y en tanto deje Caronte
B	que su barca absuelva , monte quien monte,
A	le seréis a mi alma meta absoluta.

A	Como veis, soy una leve voluta
B	que pretende seros como horizonte
B	de confín antiguo..., siempre que enmonte
A	vuestra faz el suelo triste que escruta.

C	Si os fijáis, parece punto propuesto
D	por la nada al infinito..., la causa
E	de que en mí por vos la vida prorrogue;

E	que me extienda a vos y luego derogue
C	la sentencia afín al juicio funesto
C	y su efecto cruel, que en firme protesto.

8 1

3580

A	Adver**tid** en **su**ma que es **u**na ar**gu**cia
B	del amor...; que en él y por vos concilio
B	nuestro ser...; que en vos y por él me exilio,
A	cuando ya inminente la nada acucia.
A	Advertid también que cualquier minucia,
B	se encamina a Dios por virtud y auxilio
B	del amor, y que es celestial idilio,
A	que ni el poco honor de la muerte ensucia.
C	Mientras dure el sol para vos, yo pienso
D	que tendré la forma que más os cuadre
E	para ser imagen del agua..., copia
E	de la voz que el ala del aire expropia...,
C	el ardor del fuego..., y el tacto denso
E	resueltamente la Tierra acopia...

370

A	Cuando **ya** ni la hume**dad** os a**mi**gue
B	con el agua…, ni del aire dependa
B	que la vida por el pecho se extienda,
A	porque tan a su favor se prodigue…;
A	cuando ya la sensación se desligue
B	de la piel, y ni la llama contienda
B	por llamar…; cuando la tierra se hienda
A	como gas, sin que su cuerpo os obligue…
C	Reparad en que, sabiendo que sois,
D	resulta natural de la nube
E	que nos calce con su pie peregrino
E	para andar, y nos conduzca al molino
D	del amor, al que tan solo se sube
E	como mies para sustento divino.
F	Reparad en que, sabiendo que estáis,
E	os movéis hacia mi mismo destino.

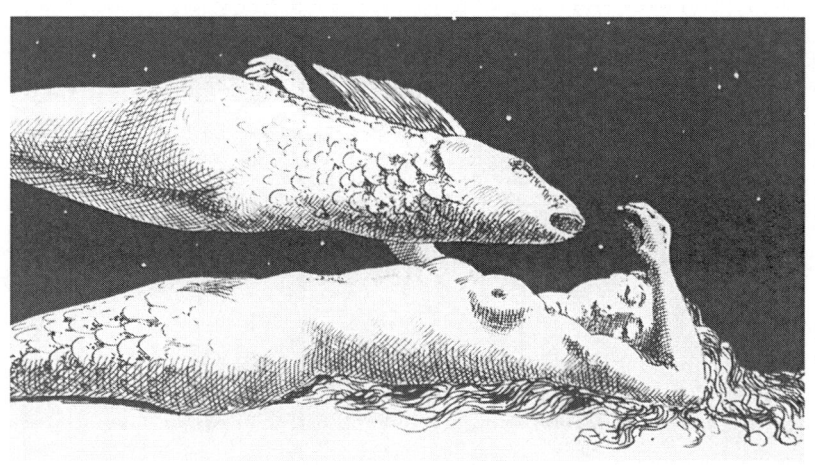

AUDIOLIBRO

Escanéa este código QR
para descargar el audiolibro completo

http://www.cuadernosdelaberinto.com/audiolibros/sonetosmorir.mp3

Escanéa este código QR
para descargar el audiolibro dividido en invocaciones

http://www.cuadernosdelaberinto.com/audiolibros/sonetosmorir_invocaciones.zip

Í N D I C E

Nota para el amigo lector... Por Enrique Gracia Trinidad .... pág.   7

Matemática de la poesía. Por Juanma Ruiz .... pág.   13

Nota del autor .... pág.   19

SONETOS DEL BUEN MORIR

I. INVOCACIÓN A LA MUSA .... pág.   27

II. INVOCACIÓN AL RECUERDO .... pág.   37

III. INVOCACIÓN A LA VIDA .... pág.   45

IV. INVOCACIÓN A LA MUERTE .... pág.   53

V. INVOCACIÓN A LA AMADA .... pág.   65

VI. INVOCACIÓN AL AGUA .... pág.   73

VII. INVOCACIÓN AL AIRE .... pág.   89

VIII. INVOCACIÓN AL FUEGO .... pág.   103

IX. INVOCACIÓN A LA TIERRA .... pág.   115

X. INVOCACIÓN AL AMOR .... pág.   129

Audiolibro .... pág.   136

ACABOSE DE IMPRIMIR ESTA
PRIMERA EDICIÓN DE
SONETOS DEL BUEN MORIR,
DE ANTONIO PERÁN ELVIRA,
EL DÍA 26 DE ABRIL DE 2024,
ANIVERSARIO DEL NACIMIENTO
DE VICENTE ALEIXANDRE

Muerte como el puñado de arena,
como el agua que en el hoyo queda solitaria,
como la gaviota que en medio de la noche
tiene un color de sangre sobre el mar que no existe.

LAUS DEO